Florencio Go

Relatos de un amor y otros desvaríos

Primera Edición

Editorial Epistolero

Av. Alfonso Reyes 318 Monterrey

Nuevo León 2023

Primera edición: México

2024

Derechos Reservados

Editorial Epistolero

Av. Alfonso Reyes 318 Monterrey, Nuevo León

México 2024

Copyright 2024

ISB: 9798333608680

Impreso en EEUU

ÍNDICE

Prólogo 8

Prólogo II 12

Prefacio 16

Zarca 17

El tiempo comenzó contigo 19

Tus ojos, faros 21

Me derrito sí 22

Tu nombre en silencio 23

Sin culpa 25

Existe 27

Salto al vacío 29

Rubia 31

Graciela 33

En el laberinto 34

Ella emerge 36

Tu ínsula 37

Poema 14 39

Fui yo el que quiso 40

Mi alma errante 41

Tus risas 42

Empecinado Corazón 43

La mujer más hermosa del mundo 44

Poema 20 45

Te vas 47

Soliloquio nocturno 49

Buscaré el modo 50

Con los años 51

I broke my heart 52

Cœur Fou 53

Coração Tolo 54

Corazón Tonto 55

Canción de ti 56

Canción de Lejos 58

Tu existencia 60

Carta a Mariva 61

Poema 33 63

Jugador dostoyeskiano 64

Lo infinito de tus ojos negros 66

¿Cómo le voy hacer? 67

Mi obra es tuya 69

La totalidad del universo 71

Mañana en Málaga 73

Sonata para Cuauhtli en Málaga 75

Canto Flamenco para Cuauhtli en Málaga 77

Poema 42 79

Como te amo	80
Poema 44	82
Ultimo poema	83
Ultimo poema II	85
Ultimo poema III	88
Pórtico de iglesia	91
Llueve en mi corazón	93
Uno se habitúa	95
Valentina	97
Oda al Beduino	99
Le pedí a Dios	100
Oda al Beso de Sangre y Arena	101
Oda a los Inusitados Ojos Negros	104
Oda a Almiro Montalvo y el Pantano Encantado	107
La mujer de ojos tristes	111
Epilogo	115
La mujer mas triste del mundo	116

"Todo lenguaje es un alfabeto de símbolos cuyo ejercicio presupone un pasado que los interlocutores comparten; ¿cómo transmitir a los otros el infinito Aleph, que mi temerosa memoria apenas abarca?"

— Jorge Luis Borges, El Aleph

Para Graciela Ballesteros, musa infinita cuyos ojos parecen contener la totalidad del cosmos que se crea y se destruye cuando pestañea.

Septiembre, 2024

Prólogo

Por Dr. Pedro Zarzola López

Al abrir este libro, "Relatos de un amor y otros desvaríos", uno no puede evitar recordar aquellos momentos en los que las palabras nos salvaron, cuando la poesía se nos presentó como el único refugio posible en un mundo a menudo árido y desolador. Florencio González Alonzo de León, con la precisión de un cirujano y la sensibilidad de un poeta que ha amado y ha perdido, nos invita a entrar en un universo íntimo donde cada verso es un pedazo de su alma.

La poesía de Florencio es, ante todo, una experiencia. No se lee solamente con los ojos, sino con todos los sentidos, con el corazón latiendo al ritmo de las sílabas, con la piel erizándose al contacto de las metáforas que se deslizan como caricias furtivas. En sus páginas, el amor no es simplemente un tema, es un ser vivo que respira, que se duele, que ríe y llora, que muere y resucita. Es un amor que se desvaría, que se pierde en laberintos de recuerdos y de sueños, un amor que, como un niño travieso, juega a esconderse y a reaparecer en el momento menos esperado.

Florencio, con la mirada de un *flâneur* que ha recorrido los paisajes más oscuros del alma, nos ofrece una poesía que es a la vez íntima y universal. En cada poema, encontramos destellos de nuestras propias vidas, de esos amores que nos marcaron, de esos desvaríos que nos hicieron replantear todo. Sus versos nos hablan de miradas que se cruzan en un café, de noches de insomnio pensando en un amor que ya no está, de palabras no dichas que flotan en el aire como fantasmas. Y lo hace con una naturalidad y una profundidad que solo un verdadero poeta puede lograr.

En "Relatos de un amor y otros desvaríos", Florencio despliega un abanico de emociones que van desde la ternura hasta la desesperación, pasando por la alegría efímera y la tristeza profunda. Cada poema es una ventana abierta a un momento, a un sentimiento, a una historia. Y al asomarnos por esas ventanas, nos encontramos a nosotros mismos, reflejados en las palabras que Florencio ha escogido con tanto cuidado y amor.

Es difícil no sentirse conmovido al leer estos poemas. Hay en ellos una honestidad brutal, una desnudez emocional que desarma y que, al mismo tiempo, reconforta. Florencio no se esconde tras artificios literarios ni busca impresionar con giros estilísticos. Su poesía es directa, sincera, como una conversación entre amigos a altas horas de la noche, cuando las máscaras caen y solo queda la verdad.

La estructura del libro, dividida en secciones que reflejan diferentes etapas y matices del amor, nos lleva por un viaje que es a la vez cronológico y emocional. Desde los primeros destellos de una pasión naciente hasta los ecos de un amor perdido, cada poema nos sumerge en un estado diferente, nos hace sentir y revivir momentos que creíamos olvidados. Y lo hace con una maestría que solo puede venir de alguien que ha vivido intensamente, que ha amado sin reservas y que ha sufrido las consecuencias de ese amor.

Florencio nos recuerda que el amor y el desvarío son dos caras de la misma moneda. Que no se puede amar sin desvariar, sin perderse en el otro, sin dejar una parte de uno mismo en ese viaje incierto y a menudo doloroso. Y es en esa pérdida donde encontramos también la posibilidad de redención, de crecimiento, de transformación. Sus poemas nos enseñan que, aunque el amor nos haga vulnerables, también nos hace más humanos, más completos.

En la tradición de los grandes poetas, Florencio nos ofrece una visión del amor que es a la vez moderna y atemporal. Sus versos resuenan con ecos de Neruda, de Borges, de Cortázar, pero también tienen una voz única, una originalidad que los distingue y los eleva. Es una poesía que dialoga con la tradición, pero que también se atreve a romper con ella, a explorar nuevos caminos, a buscar nuevas formas de expresión.

"Relatos de un amor y otros desvaríos" es, en definitiva, un libro que nos invita a reflexionar sobre nuestra propia relación con el amor, con el desvarío, con la poesía. Nos invita a leer, a releer, a descubrir nuevas capas de significado en cada lectura. Es un libro que nos acompaña, que nos consuela, que nos desafía.

A través de sus versos, Florencio nos muestra que la poesía es, en última instancia, un acto de amor. Un amor que se expresa en palabras, que se comparte, que se vive. Y en ese acto de amor, nos encontramos a nosotros mismos, más humanos, más vulnerables, pero también más fuertes.

Florencio González Alonzo de León ha logrado, con Relatos de un amor y otros desvaríos, crear una obra que trasciende el tiempo y el espacio, que nos habla a todos y cada uno de nosotros, en nuestro lenguaje más íntimo, en nuestra verdad más profunda. Es un libro que, como el amor mismo, nos transforma, nos enriquece y nos hace sentir que, a pesar de todo, vale la pena vivir y amar.

Zarzola 2024

Prólogo II

Por Diógenes Coromoto

Vos creés que esto que estoy escribiendo en mi presente, y que vos leés en mi futuro vivo, o quizás ya póstumo, es un prólogo de *Relatos de Amor y otros desvaríos*, y no te equivocás. Pero en ese presente tan tuyo, en el que seguís leyendo estas letras de un posible muerto, es algo, si te ponés a meditar, una concepción un tanto extraña, a lo Pedro Páramo, si me permitís hacer esa comparación tan mexicana y, quién sabe, si cósmica. Vos allá, y yo acá, tratando de descifrar qué quiso decir Florencio González Alonzo de León al escribir esto, allá o acá. Si fue una mujer, o tal vez varias, las que lo inspiraron, o si fueron sus manías, fobias o filias las que lo llevaron a esbozar estas líneas. Yo, por mi parte, si me dejás decirlo, estoy en este pasado, pensando que también estoy escribiendo en el presente de un poemario que reseño en el futuro de la obra, algo pretencioso decir "culminada", porque nada lo es, salvo la creación misma en ese futuro infinito. Pero, qué idea, quizás tendría que dejar de jugar con este circo de tiempos y empezar vos y yo en este Comala en miniatura que nos contiene en este instante. Vos, que no sabés lo que yo ya sé sobre este libro, y mientras lo leés, buscás alcanzar ese conocimiento. Espero que lo hayas comprado en un kiosco, una pulpería, o quizá, si ya sucedió lo que no sé, el autor ya se cotiza en las grandes librerías, y esta es una más de las ediciones de esta humilde primera versión de un poeta novel. Entonces, vos, mi querido lector, te convertís en quien tiene un conocimiento mayor, porque ya sabés qué pasó con este libro. Aun sin haberlo leído, sabés si fue bueno y pasó de las 200 copias originales o si fue malo, y alguien te lo regaló en una oficina gris. Te volvés, o mejor dicho, te equiparás a ese narrador omnisciente, aun sin saber lo que no se narra precisamente en este poemario, sino lo que en sus versos se sugiere. ¡Qué ironía! Yo sé lo que viniste a buscar en la incipiente obra de este autor desconocido, pero vos sabés lo que yo no sé en este presente, si estas palabras fueron en vano para un autor que se quedará en el anonimato eterno. Y digo en vano como un eufemismo de la inexorable pérdida de tiempo, donde tecleando esto, llego a la conclusión de que no he dicho nada. Nada, salvo comparar al lector con un narrador omnisciente, parcialmente, porque si seguís leyendo esto, no has entrado aún a la obra y no sabés si los poemas son malos o muy malos. Bueno, no sería de mi incumbencia decir si son buenos o malos, pero si son uno de los dos adjetivos, son eso, como todo, como probablemente lo sos vos y lo soy yo. ¡Qué viaje! Estamos ahora vos y yo en este prólogo a lo Faulkner, y no es por cambiar de narrador como hizo ese genio, sino porque tal vez, mientras escribo palabra tras palabra, las ideas vagaron en el tiempo. Ideas, si se les puede llamar así, porque esta perorata no es más que eso. Y mirá, todavía no hemos empezado a hablar de la obra aludida. Lo cual haré, sin saltar de párrafo, no porque me crea ni remotamente una versión ínfima de La región más transparente, sino porque para qué saltar de párrafo si todavía estoy en la misma idea: hacer lo más breve posible este desdichado prólogo. Lo que ya estoy por hacer. Es raro, ¿no? Dirás, ¿qué? Que nunca sabrás cuántas veces retrocedí y borré ideas que nunca llegaron a vos, lo cual me vuelve a dar la batuta de narrador omnisciente, parcialmente, por lo que ya te dije, si me permitís tutearte de nuevo. Es raro tutear al lector. Creo que lo hizo por primera vez Víctor Hugo, pero no me creas; no he leído todo para saberlo. Pero sí, en efecto, estimado desconocido, el autor de este poemario trató de expresar en letras lo que sentía sobre el amor, la vida y la existencia. Usó en algunos poemas una métrica y técnica admirable; en otros, a mi gusto, se transformó en esos poetas actuales que ni son poetas ni escriben versos, sino insulsos relatos de prosa que buscan conmover a mujeres solas o a hombres abandonados por esa hipergamia tan propia de la especie humana. Pero es una propuesta interesante, aunque no innovadora. Usted, si me permite *ustetearlo*, ya sabrá si este novato se volvió maestro o si el olvido lo relegó a las peleas de gallos y a la economía. Creo que el éxito en la poesía y la literatura en general, más que de talento, depende de encontrar el escaparate adecuado donde mostrarlo. El joven Florencio tiene una voz propia que busca su lugar para expresarse. Espero que allá, en ese futuro que es tu presente, lo haya logrado, y no por la fama o el dinero, sino para que, con un poco de suerte, consiga lo que siempre ha deseado: vivir solo cien años más después de su muerte física.

Coromoto 2024

Prefacio

En mi primer poemario, intenté crear una obra que, si bien hablaba sobre el amor, en cierto modo, entre líneas, se transformó en un tratado no muy logrado sobre la existencia. Quizás no lo notaste, pero así fue. En este nuevo poemario, ocurrió algo similar. Aunque tiene la mitad de la extensión, jugué un poco más con las formas; no me enfoqué tanto en seguir estrictamente las métricas como en el primero, sino que, usando esa figura cuestionada que llaman "moderna", me concentré más en comunicar el sentimiento que en la estructura formal. Quizás no fue la mejor idea, pero aquí está, con su tinta ya seca.

Me tomé muchas libertades, que espero no hayan resultado un desastre. Incluí odas, poemas, sonetos, versos libres y otros recursos para expresarme. No quise en ningún momento ser innovador o disruptivo; simplemente la obra fue fluyendo así. Espero sinceramente que si el dinero, que seguramente ya me gasté, estuvo bien empleado, y que encuentres algo interesante en este poemario.

Zarca

En los ojos de luna de su mirada,
se trenzan las sombras y la esperanza,
uno verde esmeralda, otro noche negra,
un universo entero en su balanza.

En el verde resplandece la aurora,
donde el amor germina como flor,
en el café se esconden mil historias,
secretos del alma y su dolor.

Alta y esbelta como una enredadera,
su figura se mece en el viento,
con ojos que hablan en mil maneras,
del amor vivido y su lamento.

En cada iris se encierra una tristeza,
una canción desesperada y sincera,
como un eco que en el alma pesa,
amor perdido en la noche eterna.

Así ella camina entre recuerdos,
con su mirada que cuenta historias,
como un poema de versos y misterios,
en cada destello, sus memorias.

El tiempo comenzó contigo

Tus cabellos, lisos como ríos de noche,
caen en cascadas sobre tus hombros,
donde encuentro la calma y el deseo,
donde me pierdo en la serenidad de tu ser.

Tus ojos, profundos y cercanos,
son dos lunas que iluminan mi mundo,
dos faros en la inmensidad del océano,
donde navego sin miedo, guiado por tu luz.

Te amo tanto que parece
que,
que antes de ti, el mundo era un sueño,
una espera silenciosa de tu llegada.

Amarte es lanzarse al abismo,
es un salto a lo desconocido,
es confiar como ciego en su guía,
es entregarse al latido de tu corazón.

Eres mi París en medio del caos,
mi Casablanca en blanco y negro,
donde cada encuentro es un renacer,
donde el tiempo se detiene ante nosotros.

En tu abrazo, encuentro refugio,
en tu risa, la melodía de mi vida,
eres mi todo, mi nada,
mi dulce desesperación.

Y así, en cada sílaba y suspiro,
vivo, muero y renazco,
en el poema eterno de nuestro amor,
donde el tiempo comenzó contigo.

Tus ojos, faros

En la penumbra, tu cabello ondea,
como noche profunda, morena y fina,
despiertas de un sueño, quieta y divina,
entre susurros la madrugada te desea.

Tus ojos, faros en la sombra densa,
cual luceros que rompen el abismo,
despiertas súbita, en un dulce sismo,
como la luna que la noche tensa.

La almohada, cómplice de tus desvelos,
guarda secretos de sueños dorados,
y tus labios, de rojos terciopelos.

Eres la aurora que rompe encantada,
la noche en tus ojos, flor de prados,
despiertas y el día nace en tu mirada.

Me derrito sí

Me derrito sí, pero no por el sol de tu partida, ni por la sequedad de tu adiós.

Me derrito sí, en el desierto de mi amor por ti, que antes crucé solo, sin una gota de tus besos o la sombra de tus cabellos, esos que me servían de tienda, atrapando mi corazón de noche y del viento de la soledad del día.

Me derrito sí, pero no es por ti que te vas, sino por lo que dejas atrás.

Tu nombre en silencio

Te amo tanto que me duele el corazón,
como una melodía triste que se repite sin cesar,
en cada latido un eco de tu nombre,
en cada suspiro una plegaria por tu amor.

Es un dolor dulce, como el aroma de las rosas,
que embriaga mis sentidos y me hace suspirar,
un fuego que arde en lo profundo de mi ser,
y que consume cada fibra de mi existencia.

Te amo tanto que el dolor se vuelve mi compañero,
un recordatorio constante de lo que siento por ti,
un deseo profundo que me consume desde dentro,
una pasión que se enreda en cada pensamiento.

Amar así es un privilegio y una condena,
una dicha y una agonía entrelazadas,
un amor que trasciende el tiempo y el espacio,
un sentimiento que no conoce límites ni barreras.

Te amo tanto que mi corazón late al ritmo de tu presencia,
cada latido susurrando tu nombre en silencio,
cada pulsación un testimonio de mi entrega total,
porque amarte es más que un sentimiento, es mi razón de ser.

Sin culpa

No tienes la culpa del amor que siento,
uno no elige ser amado, es inevitable.
El amor no se elige, simplemente sucede,
como la gravedad, tú, ineludible.

No culpamos la caída de los aviones,
ni los cuellos rotos a la gravedad.
Creí que me quedaría contigo,
con tus ojos llenos de pestañas,
y esa sonrisa, tan inusual y súbita,
que encendía mi corazón como brasas.

Eres la dueña del blanco,
de los cerezos en mayo.
Amarte fue lo más hermoso,
esas semanas en mi refugio,
que me protegía del sol y la lluvia,
donde vivía en tus largas piernas claras.

Es inevitable amarte,
mi agua sube con las lunas de tus ojos.
Llevo en el pecho una fotografía tuya,
un daguerrotipo del corazón.

Te amo tanto,
que, con tu llegada, la vida es un hogar.
Te amo tanto, que daría mi corazón
por un solo de tus besos,
un solo de tus te quiero.

Pero así no es la vida,
uno no elige amar,
el amor nos elige.

Existe

El mundo existe cuando me sonríes,

con esa boca pequeña y esos dientes auténticos.

Me quedo aquí, viéndote infinita,

concentrada en esa materia morena que eres.

No puedo evitar pensar qué será de mí,

cuando, como cometa, cumplas tu paso y te vayas,

y me quede solo viendo la estela de tus besos furtivos

que desnuda te di esa noche de junio.

Te hice el amor, contando en ti

como jinete cósmico, pensando en la proeza de Perseo,

que logró encender el fuego de tu cuerpo

con los magos de fondo.

Te deseo, sí, y mucho,

pero te amo aún más.

Eres esa herencia que el hombre compra

con todo lo que obtiene de vender hasta la última de sus posesiones.

Eres una en la vida,

la oportunidad que no se repite.

Salto al vacío

Tus cabellos, negros espirales,
son la noche en que me pierdo,
un abismo en el que salto,
confiando, ciego, en tu amor.

Tus ojos, separados y profundos,
son pozos de misterio y pasión,
donde náufrago sin miedo,
donde renazco en cada mirada.

Amarte es lanzarse al vacío,
es un vuelo sin retorno,
es confiar como ciego en su lazarillo,
es entregarse al latido del corazón.

Eres mi París de ensueño,
mi Casablanca en blanco y negro,
donde vivimos un amor eterno,

donde el tiempo se detiene.

En tu abrazo, mi refugio,

en tu risa, mi canción,

eres mi todo, mi nada,

mi dulce desesperación.

Y así, en tu nombre,

en cada sílaba y suspiro,

vivo, muero y renazco,

en el poema de nuestro amor

Rubia

En el patio, tu presencia encierra,
como un sol tras el vidrio que destella,
tus cabellos, oro puro en la tierra,
brillan con la luz que al alma sella.

Tras rejas invisibles, mi ansia espera,
mi amor, cautivo en la jaula de tu ser,
un corazón que en sombras desespera,
por el cálido toque de tu querer.

Eres el astro que mis noches guía,
la llama rubia que no puedo alcanzar,
tu risa, un eco en la melancolía,
la libertad que anhelo conquistar.

Aunque mi amor en prisiones se halle,
soñando con tu dulce cercanía,
tu luz dorada en mis sueños estalle,
rompiendo el yugo de mi alma fría.

Libérame, amor, con tu mirada,
abre las puertas de mi prisión,
que, en tu fulgor, por siempre abrazada,
mi alma viva sin más condición.

Graciela

Gracia en tu figura, alta y hechicera,
Rojo atardecer en tu piel, morena tarde,
Ansío cada risa tuya, como quien espera,
Con tus pestañas largas, en sueños me arde.
Inmensas, refugio de noches sin nombre,
En tu boca, miel que mi ser embriaga,
Luces en tus hombros, destellos de cobre ,
Amaneces, y en tu sonrisa, el día se alaga.

En el laberinto

En el laberinto de sombras y luciérnagas,
camina la morena de pecas dispersas,
alta como el susurro de un ciprés al viento,
delgada, un hilo de luna en la noche perpetua.

Su cabello, un río de tinta que desciende,
negro abismo donde naufragan mis sueños,
pecas como constelaciones en un cielo de marfil,
códigos secretos que mi piel ansía descifrar.

Eres el acertijo de los días sin nombre,
la melodía oculta en el rumor del tiempo,
cada paso tuyo, un verso en el poema del cosmos,
cada mirada, un eclipse en el horizonte del alma.

Bebo de tu risa, elixir de auroras y eclipses,
en tu sonrisa, la alquimia del amor y la magia,

morena de pecas, enigma en el mosaico de mi ser,

quiero ser el lector de tu piel, el autor de tu deseo.

En el mapa de tus formas, soy cartógrafo perdido,

navegante sin brújula en mares de caricias,

quiero amarte en silencios y metáforas infinitas,

ser el eco en tu piel, la palabra en tu latido.

¿Y qué será de mí el día que te vayas?

Seré un verso suelto, un poema sin rima,

un náufrago en el océano de la ausencia,

una sombra que busca tu luz, morena divina.

Ella emerge

En la neblina nocturna, ella emerge,
morena de cabellos como la sombra,
sus ojos, negros como la noche oscura,
donde se funden el misterio y la luz.

Alta como el vuelo del cisne negro,
su gracia desafía al universo,
danza en el firmamento con armonía,
belleza etérea que el tiempo no consume.

Un halcón, en su vuelo, la acompaña,
testigo de su esplendor y su gracia,
guardián de su esencia en la penumbra,
entre la noche y el alba que se abraza.

Ella, morena de la noche callada,
con su mirada oscura y su perro fiel,
es un poema escrito en la penumbra,
donde el amor y la sombra se encuentran.

Tu ínsula

Mujer de destellos de ámbar
Déjame habitar en tus ojos
Con mis amores y deseos
Y ser como un náufrago que acampa.

En tu ínsula de amor cálido y arenas
Que promete saciar mi sed de marinero
He sembrado un sarmiento, que se abre paso
Y se sostiene en la fuerza de tus piernas.

Déjame atracar mi bote en tus besos
Y hacer mi refugio entre tus pechos
Déjame amarte en las noches oscuras
Y tras una vela hacerte mis figuras.

Que te cuenten lo mucho que te amo
Y lo inmensa que es la vida aquí
En este espacio diminuto de cuerpo

Isla de arenas blancas en sabanas azules.

Que te digan que será de mi

Sin nadie que me diga que existes

Y que no eres una sirena etérea

Que tuvo compasión de lo que escribí.

En una botella lance mi socorro

Que mecido en vaivenes venturosos

Llego a la puerta de tus corales

Y leíste ese leguaje ajeno y humano

En los que los hombres decimos te amo.

Poema 14

Mi razón de lo dijo,

Mi mente lo percibió,

Pero mi corazón, ese bastardo,

Quería vivir la experiencia por si mismo

El de amarte, sin mirar al vacío que se lanza

De desearte al punto de tener fiebre por ti.

El de abrir mi pecho, y como azteca sacar mi corazón aun latiendo y ponerlo en tus pies.

Yo mismo lo sabía, lo sabía mi madre y mis amigos

Pero como negarme a esa sonrisa, y esas piernas largas abrazándome.

¿Cómo negarme a ti? aunque el precio es vivir ahora sin el olor de tus cabellos y la forma como trepas las paredes y subes a los techos.

Vivir sin esos ojos marrones, que me hacían pensar que la vida es algo que algunas veces sin esperarlo nos recompensa.

Como vivir ahora sin ti, sin la aurora de ti siendo feliz al despertar junto a mí.

Como vivir sin ti.

Fui yo el que quiso

Enserio sentí que me quería

Le puedo jurar que esos dos ojos divinos así me lo dijeron.

Me miraban así, con esa profundidad del amor, rematando con esa sonrisa que el mundo encendía.

Se los juro, que así parecía, como no creerlo si, dormida junto a mí, en las noches mi corazón aún así la pensaba.

La sonaba, la abrazaba pensando que podía oír mi corazón latiendo por ella. Amándola.

Amándola como solo se ama una vez en la vida, con esa dosis única, que solo se nos da una ocasión.

Pero no fue así, fue una de esas veces que uno ve la luna reflejada en los charcos y las fuentes y parece tan cercan y nuestra que podemos tocarla

Pero no, está allá arriba lejana y distante.

Enserio sentí que me quería, pero quizás fue como dice Benedetti, fui yo el que quiso creerlo así.

Mi alma errante

En el umbral del recuerdo, mi alma errante, entre sombras y susurros se deshace, cada silencio, cada instante, desvanece el eco de tu abrazo audaz.

Palpita el corazón al recordarte, mil versos en el aire danzan con fervor, la esencia de aquel tiempo, mi eterna suerte, perderlo es perderme, perder mi calor.

Te fuiste como el viento entre la bruma, dejando un eco triste en mi canción, ciudad que se desliza, que se esfuma, en el rincón del alma, eterna aflicción.

Ahora en la distancia se desvanece el alba, en la ausencia, soy tan solo yo, perder lo que fue mío, en la sombra estalla, en este vacío profundo, desamor.

El eco de tus pasos, frío eco, en el laberinto de mi ser resuena, perderte así, agonía que me atrapa, en el abismo sin fin, la pena me condena.

Tus risas

En el murmullo del tiempo, te desvaneciste, como un susurro que se pierde en la bruma. Dejaste un eco de nostalgia en mi ser, un vacío que solo tus risas colmaban.

En el laberinto de los recuerdos, tus palabras resuenan como eco lejano, evocando promesas que el destino deshizo, y abrazos que ya no puedo retener.

Aún siento tus manos, cálidas y seguras, trazando senderos sobre mi piel, caminos que llevaban al horizonte, ahora perdido en la neblina del olvido.

Qué fue de esos días de sol y tormenta, cuando éramos dos navegantes en la vida, ahora soy un barco a la deriva, buscando refugio en la melancolía.

Te llevaste mis sueños y esperanzas, como el viento arrastra hojas en otoño, dejándome aquí, entre sombras y suspiros, buscando respuestas en un cielo sin estrellas.

En el eco de tu ausencia encuentro silencio, un murmullo que resuena en las paredes, como una melodía sin notas ni final, en la sinfonía eterna del amor perdido.

Empecinado Corazón

¿Yo si me hubiera quedado sabes?

Allí en tu casita donde bajo la lluvia tantas veces te espere. Te lo dijo no menos ocasiones.

Yo si me hubiera quedado, pese a tu empeño por hacerme ir, pues empecinado esta mi corazón en amarte.

Yo si me hubiera quedado sabes.

Pero como hacerlo, si como laberinto indescifrable me pusiste tantos obstáculos para hacerlo.

Y aquí perdido entre las paredes de tus desdenes prisionero soy de lo que no puedo tener.

Yo si me hubiera quedado sabes, pero me obligaste a irme.

La mujer más hermosa del mundo

Me topé con la mujer más hermosa del mundo, los digo enserio.

Y no es de esos clichés de cartas cursis que suelen hacer los adolescentes a sus novias. Yo si me topé con ella, realmente lo hice.

Por alguna razón que aún no se, ella decidió habitar este presente infinito conmigo. Dormir en mis ojos, arroparse con mis brazos.

Me dirán, ¿eres rico? ¿Hombre atractivo? Que tienes para que ella se haya varado en tu cayo. Pues diré que sí, puede que tenga algunos pesos y cierto atractivo. Pero creo que ella está aquí por algo más.

Algo que no voy perder el tiempo en descifrar, sino aceptare como una verdad absoluta. Me topé con ella en un vestido naranja.

Me topé con la mujer más bella del mundo, reina de reinas. Belleza certificada.

No le pregunte porque se quedó, y porque está aquí conmigo. Uno no hace eso en los sueños, mi la realidad solo lo aceptas y sigues.

Porque me topé con la mujer más divina del mundo, y al parecer quizás ella se quede aquí por un tiempo más.

Poema 20

Entiendo que te vas,
como el susurro de una noche que se apaga.
Daría la vida por quedarte,
por retener ese destello fugaz,
pero el amor,
ese amor caprichoso y esquivo,
nos da su luz por un momento,
como un eclipse que apenas roza el alma.

Caminas ahora por el mosaico del cielo,
te alejas, tan lejos,
tan lejos que ya no sé si volveré a verte.
La coincidencia, esa ironía de la vida,
nos ofrece a veces razones para existir,
y en tu adiós, encuentro la más bella.

Te guardo, como un tesoro escondido,
como el recuerdo más bonito,
ese que en la penumbra del olvido,

resplandece, inalcanzable,

y al mismo tiempo,

eternamente mío.

Te vas

Te vas,

y en el viento se deshacen los suspiros,

daría la vida por retenerte,

por mantener la llama encendida en la penumbra.

Pero así es el amor,

una luz pasajera, un eclipse furtivo,

que ilumina un instante para luego desvanecerse.

Tus pasos, ahora, resuenan en el mosaico del cielo,

te alejas, cada vez más,

lejos, donde mis manos no te alcanzan.

La coincidencia, caprichosa y ciega,

nos da a veces motivos para seguir,

y en tu partida, hallo el reflejo de esa razón.

Quedas en mí, un recuerdo eterno,

una joya escondida en el cofre del alma,

el más bonito,

que aunque se desvanezca en el tiempo,

brillará por siempre,

en la memoria de este amor que nunca muere.

Soliloquio nocturno

Lo que daría por encontrar el modo de quedarme sin ti. Con esa fuerza resolutiva del que se va sin mirar atrás. ¿Cómo lo hice tantas veces, dejando esa estela de lágrimas y corazones rotos? Pero ahora, ¿cómo? ¿Cómo me voy sin sentir que el amor de mi vida se queda? ¿Cómo me voy sin pensar que ya no tendré otra oportunidad como tú?

¿Cómo me voy y vivo sin esos ojos marrones que me miran como tú me miras? ¿Cómo encontrar quien acaricie mi mejilla como tú, mientras en la oscuridad de la habitación escuchamos nuestro aliento?

La verdad es que no lo sé. Me veo obligado a hacerlo, como quien enfrenta su desahucio, como la muerte. Y sé que no te volveré a encontrar en ninguna mina ni mujer madura. No te volveré a encontrar en ningún ojo verde, ni azul Tiffany. No te volveré a encontrar jamás. Y eso duele como solo en los poemas desesperados se puede sufrir.

Pero así es, un contraste perfecto entre el amor que sentí contigo, donde fui feliz como solo en los cuentos se puede ser, y este amor a lo Onetti que creé en mi cabeza. Te amo, y te voy a extrañar. Te amo, y de cierta manera te seguiré amando. Te amo, te amo tanto.

Buscaré el modo

Buscaré el modo de estar sin ti, de partir sin mirar atrás, seguir así. ¿Cómo lo hice, dejando un rastro de dolor, corazones rotos, lágrimas y ardor?

Pero ahora, enfrento el adiós con valor, dejar atrás al amor, mi único sol. ¿Cómo me alejo sin sentir que muero, sin la certeza de que volveré primero?

Tus ojos marrones, mi refugio y mi calma, ¿quién más podrá acariciar mi alma? En la oscuridad, en nuestro rincón, escuchando nuestros susurros, la respiración.

No tengo respuesta, solo el vacío cruel, como quien enfrenta un destino cruel. No habrá otro como tú, lo sé con certeza, en cada rincón, en cada tristeza.

Te amé y te amaré más allá del dolor, en el contraste del amor y el temor. Adiós, mi amor, aunque te lleve conmigo, en mi corazón, siempre serás mi abrigo.

Con los años

Uno piensa que con los años aprende del amor, que cada enamoramiento y ruptura nos guía hacia la persona destinada para nosotros. Al estilo presbiteriano o cuántico, si no eres creyente.

Pero no, la vida es aleatoria, y cada mujer que llega es única, diferente en sutilezas respecto a la anterior. Unas aman el jazz, otras prefieren la lectura o no, unas disfrutan de cenas románticas, otras pasean a su perro.

El amor de una mujer es singular e irrepetible, como los colores complejos o los sabores de un restaurante de estrellas Michelin. El dolor de su partida también es diverso y único.

Así sentí cuando perdí a Valentina Ariza y a Norma Alcántara, esos amores que iluminaron mi vida. Llegaron de forma súbita y juntas un día de mayo, trayendo consigo la felicidad singular que solo las mujeres pueden ofrecer.

No sé si antes de juzgarme prefieres escuchar mi historia, o si incluso te importa seguir leyendo. Para justificar ante aquellos que creen en las palabras de Agustín Lara, puedo decir que también fue mi intención original en la vida.

I broke my heart

I broke my heart alone, like fools do, Those who dive into the sea without a clue. That's how it was, indeed. I broke my heart For believing the siren singing to me Would stay on the shore with me.

One believes such things, when kissed And hears them in the heart on sleepy nights. But sirens, they enchant; it's what they do. She's not to blame for anything, it's just me Who let my heart fall to the ground.

She was simply a marvel, existing, I broke my heart, but I regret not one bit, For as Helen Keller once said, "Life is either a daring adventure or nothing at all."

She was everything and all life in one, A thousand years would not suffice to forget her.

Cœur Fou

J'ai brisé mon cœur seul, comme le font les fous, Ceux qui plongent dans la mer sans savoir. C'est ainsi que ça s'est passé, vraiment. J'ai brisé mon cœur Pour avoir cru que la sirène qui chantait pour moi Restera sur la côte avec moi.

On croit de telles choses, quand on les embrasse Et qu'on les entend dans le cœur les nuits endormies. Mais les sirènes, elles ensorcellent ; c'est ce qu'elles font. Elle n'est coupable de rien, c'est juste moi Qui ai laissé tomber mon cœur par terre.

Elle était simplement une merveille, une existence, J'ai brisé mon cœur, mais je ne regrette pas un instant, Car comme l'a dit Helen Keller, "La vie est soit une aventure audacieuse, soit rien du tout."

Elle était tout et toute une vie en une seule, Mille ans ne suffiraient pas pour l'oublier.

Coração Tolo

Eu quebrei meu coração sozinho, como tolos fazem, Aqueles que mergulham no mar sem saber nadar. Foi assim que aconteceu, de verdade. Eu quebrei meu coração Por acreditar que a sereia que cantava para mim Ficaria na costa comigo.

A gente acredita nessas coisas, quando beija E ouve o coração à noite, sonolento. Mas as sereias, elas encantam; é o que elas fazem. Ela não tem culpa de nada, sou só eu Que deixei meu coração cair no chão.

Ela era apenas uma maravilha, existindo, Eu quebrei meu coração, mas não me arrependo nem um pouco, Pois como disse Helen Keller, "A vida é ou uma aventura audaciosa ou nada."

Ela era tudo e toda uma vida em uma só, Mil anos não seriam suficientes para esquecê-la.

Corazón Tonto

Me rompí el corazón solo, como los tontos, esos que se lanzan al mar sin saber nadar. Así fue, de verdad. Me rompí el corazón por creer que la sirena que me cantaba se quedaría en la costa conmigo.

Uno cree esas cosas, cuando las besa y en las noches adormiladas oye su corazón. Pero las sirenas, eso es lo que hacen: encantar. Ella no tiene culpa de nada, soy solo yo el responsable de dejar caer mi corazón al suelo.

Ella era simplemente una maravilla, existiendo, me rompí el corazón, pero no me arrepiento ni un ápice, porque como dijo Helen Keller, "La vida es una aventura audaz o no es nada".

Ella fue todo y toda una vida en uno solo, mil años no serían suficientes para olvidarla.

Canción de ti

Los años pasaron mientras te amaba desde lejos, ¿Puedo ir por ti ahora o estarás allí sin mí? Volviéndote vieja sin mí, mientras el tiempo se escapa. Nuestra juventud se escapó entre nuestros dedos, Pero mi corazón aún late fuerte desde que te conocí.

Déjame entrar en tu corazón, sembrar nuevas ilusiones, Mil sueños floreciendo en tu vientre, ¿me lo permitirás? ¿O debo partir, encontrar un nuevo lugar para comenzar, Y seguir con el tiempo que nos queda?

Dime, ¿por qué nunca me amaste como yo te amé en aquel mayo? ¿Por qué dejaste de amarme, ahora ya no importa? Eres el amor de mi vida, pero no la mujer de ella.

No quiero irme, pero necesito encontrar mi camino, Encontrar una tierra donde pueda echar raíces y crecer, Aunque tú siempre serás mi hogar, mi amor perdido.

Déjame entrar en tu corazón, sembrar nuevas ilusiones, Mil sueños floreciendo en tu vientre, ¿me lo permitirás? ¿O debo partir, encontrar un nuevo lugar para comenzar, Y seguir con el tiempo que nos queda?

Eres el amor de mi vida, pero no la mujer de ella, Quizás ya no importa, pero siempre te amaré.

Canción de Lejos

Verso 1:

   Sol   Sol   La   La

Los años empezaron a llegar mientras yo te amaba de lejos.

   Si   Sol   Mi   Mi

¿Dime ya puedo ir por ti? O seguirás ahí sin mí,

   Sol   Sol   La   La

volviéndote vieja sin mí.

Coro:

   Mi   Mi   La   La

La juventud se nos fue de las manos,

   Fa#m   Fa#m   Si

pero mi corazón aún tiene el vigor

   Re   Re   La   La

de cuando te conocí.

   Do#m   Fa#m   Si

Déjame entrar en tu corazón

   Mi   Mi   La   La

y sembrar mil ilusiones nuevas en tu vientre.

   Fa#m Fa#m Si

¿Me dejarás? ¿O me tengo que ir?

 Re Re La La

Necesito buscar una tierra donde empezar

  Do#m Fa#m Si

y seguir con el tiempo.

Verso 2:

 Sol Sol La La

Al menos dime, ¿por qué nunca me amaste

  Fa#m Fa#m Si

como yo te amé ese mayo?

 Re Re La La

¿Por qué me dejaste de amar?

  Do#m Fa#m Si

Bueno, quizás ya no importa.

 Mi Mi La La

Eres el amor de mi vida,

  Fa#m Fa#m Si

pero no la mujer de ella.

Tu existencia

A veces dudo de tu existencia real, como un sueño de películas antiguas, o un capítulo de novelas románticas, pero frente a mí estás, tangible y divina.

Única e irrepetible, me dispongo a besarte, a fundirme en el éxtasis de tu ser, pues eres la encarnación de la belleza, que deslumbra incluso a la materia misma.

Sería un necio si permitiera tu partida, sin hacerte la madre de mi descendencia, pues eres la oportunidad anhelada, más rara y preciosa que la perla más pura.

Permíteme entrar en el santuario de tu corazón, y residir en él toda una vida, porque anhelo tu amor sobre todas las cosas, más que la propia vida, más que el tiempo mismo.

Carta a Mariva

¡Hola!

¿Cómo va todo? Espero que de diez. Hace tiempo que no te veo por ahí. Me contaron que te va de maravilla, que al fin sos la mina que siempre quisiste ser desde adolecente. Me alegra, posta. Yo, capaz que sigo siendo el mismo. Escribo esta carta sin saber bien si te la voy a dar, así que si tus ojos preciosos de cierva llegaron hasta acá, es porque la estás leyendo.

Sé que fui yo el que pegó el portazo. ¿Cómo no hacerlo? Me hiciste la cabeza con tantas cosas y razones que al final, un día, lo hice. Sé también que, aunque te hiciste la boluda, también te dolió. Porque sé que me quisiste tanto como yo a vos, y a veces creo que más. Pero bueno, en tu berrinche de venganza de espejo, me cansé y me mandé a mudar.

No te voy a mentir, a veces te extraño. ¿Cómo no hacerlo con esos dos ojos chispeantes, ese pelo que parecía tejido por pescadores armenios, y esa forma de decir "chuponcito" que le encantaba a mi corazón? No te amo, como diría el viejo Neruda, es cierto, pero te amé un montón. Si me hubiera quedado con vos para siempre, si no te hubieras hecho la boluda, quién sabe. Pero así es el amor, ¿no?

Y al final encontré una sirena espectacular que me dio todo sin que se lo pidiera, todo lo que tantas veces te rogé, che.

No voy a mentirte, es más linda que vos. Es la belleza hecha carne, y la amo ahora en este presente que le pertenece. A vos te amé, en ese pasado que me volvía loco. Sabés cómo es, a veces uno no elige al amor, el amor elige a Beatriz. Así pasa cuando uno se va del corazón, otro lo ocupa. Siempre te amaré en el pasado, pero hoy, hoy ya no.

Poema 33

Amar a una mujer parece lo más sencillo del mundo, como si fuera parte intrínseca de nuestra sangre, algo propio de los seres humanos.

Pero amarte a ti de la manera en que lo hago, parece nuevo, parece único, parece el principio de todo.

Parece que el tiempo comenzó cuando me dijiste hola, tu voz como la claridad del sol diciendo "te amo", y la vida misma, tu amor, diciendo "te extraño".

Jugador dostoyeskiano

Hoy me di cuenta que te amo,

Y no con la sencillez que se suele hacer

Esa que los hombres toman, esta y aquella mujer

Y un día bajo el arroz se casan.

Así no, a ti te amo, como solo pensé

Pensé, que en los cuentos se hacía.

Te amo, como no se puede expresar en

El movimiento de las palabras,

Porque a ti te amo, en la simultaneidad del cosmos.

Del mundo, ese del cual tu existes y das sentido.

Te amo, te amo, como aun no lo entiendo.

Como no lo puedo, por más que busque

Escribir en estas líneas. Te amo.

Te amo, como el que encuentra una joya.

Única e irrepetible y ya en su mano

No sabe, no entiende.

Porque el destino, se la puso.

Porque así, juega la fortuna, que da y quita

Pero a veces da de más.

Y así como el jugador dostoyeskiano.

Me encuentro aquí, con una fortuna de besos.

Puestos en un número que no pedí.

1.73

Lo infinito de tus ojos negros

Me pierdo en lo infinito de tus ojos negros.

Esa antimateria, de tu mirada.

La cual, mientras toco el arpa de tus cabellos,

entre mis dedos,

miro, existiendo en ti.

Te miro, y pienso que la vida es

por fin, un hogar para existir.

Un lugar cálido como tus besos

Para posar, mi cabeza en tu vientre.

Y oír tu risa, caminar por el aire hasta mí.

Encuéntrame en tu corazón.

Y dime que quede, allí habitando tus pupilas

Bebiendo de tus lágrimas, y arropándome con tus pestanas.

¿Cómo le voy hacer?

Hacer, ¿cómo le voy hacer?

Como le voy hacer el día que te vayas

El día que digas, adiós fue un placer.

Como le voy hacer.

Ahora que habitas en mi corazón, ahora

Que caminas en mi alma.

Y en los días y las noches, te posas en mi mente.

Y allí infinita, trémula de mi ser.

La verdad no lo sé.

Pero lo pienso aquí, mientras

Desnuda, duermes junto a mí.

Te amo, te amo, como no planee hacerlo.

Pero *I do.*

Te amo, te amo que ya empiezo a llorar el futuro.

Ese que ya no estás aquí.

Mi obra es tuya

Tú conoces todos mis poemas

Porque todos son acerca de ti.

Dirás no, yo existí a penas ayer.

Pero si, fueron vaticinios de tu llegada.

De ti, que en tantos ojos te busque.

Y tantas bocas, de escuché

Como eco del porvenir.

De ti, y esos dos ojos negros y extraños

Que me miran con la profundidad

Del cielo, de noche.

Y hace, que el corazón brote

Entre el amor como asfixiado.

Todo es acerca de ti, y tus cabellos lisos y negros.

De tu nariz de Asia.

Y tus pestanas pesadas, que son proeza

que puedas levantar enchinadas.

Todo es de ti.

Que me sonríes con esos dientes sinceros

Y me haces pensar en el caminar

De las estrellas sobre nosotros.

Todos mis poemas son de ti.

Y cada lunar que tienes.

De ese cangrejo en tu cara y esas orejas sin pendientes.

Todo es de ti, mi amada.

Mi obra es tuya.

La totalidad del universo

El cómo te amo, lo he intentado explicármelo a mí mismo. Buscando lógica a esas cosas que unos llaman del corazón.

Será tus ojos, tu sonrisa, tu cabello o cosas más etéreas como tu alma y esa forma especial de vivir en mi corazón. Tus ojos pensé, eso es, cómo no morir sostenido por tu mirada, que brota entre tus pestañas tupidas y negras como remeros egipcios. Eso es, son esos dos ojos que parecen contener la totalidad del universo que se crea y se destruye cuando pestañeas, y que me derriten como supernovas, cuando los haces asiáticos y me sonríes.

Tu sonrisa, eso también puede ser, cómo no sucumbir a la ternura de tu sonrisa cuando conversando conmigo, recuerdo lo hermosa que eres, lo más valioso que jamás he podido llamar mío. Eso debe ser, te amo por tu sonrisa, que ilumina como aurora, la oscuridad de mi vida.

Oscura como tu cabello, ese que huelo mientras acostada junto a mí escucho tus palabras tomar forma en el aire, y como imágenes entrar ya en mis oídos. Lo hermosa

que sería la semilla, de mi cerezo en tu jardín
y verlo crecer y florecer en marzo.

Tu alma, eso también podría ser, eres tan
pura y sincera, que me conmueves y cimbras
mi corazón, cuando abres tus emociones,
como loto que cae en agua.

Te amo, sí como solo en las películas se puede
hacer, en historias que inventadas por alguien
nos cuenta las profundidades de un corazón,
que idealiza el concepto y le da forma en las
líneas. Te amo, tanto que parece que el mundo
comenzó contigo, y pasé de lo monocromático
a los colores, ese día que llegaste a comer
junto a mí. Ese día que tus labios se tocaron
con los míos, y en la oscuridad me miraste
con esos dos ojos negros de cierva.

Mañana en Málaga

En la cálida luz de la mañana en Málaga, donde el sol acaricia las paredes blancas y las calles estrechas, la veo a ella, Cuauhtli, mi princesa mexica. Es como un destello de pureza entre la belleza infinita de esta ciudad europea, un tributo vivo a nuestra raza, a nuestra historia.

Ella camina con gracia por los senderos adoquinados, su presencia iluminando cada rincón con la elegancia de sus movimientos. Sus ojos reflejan el brillo del mar Mediterráneo, profundamente arraigados en la tierra de nuestros ancestros, recordándome la fuerza de su espíritu indomable.

En los jardines de la Alcazaba, sus pasos resonan con la historia antigua que se entrelaza con la modernidad. Es como si cada pétalo de flor que acaricia llevase impregnado el aroma de nuestras raíces, cada brisa marina murmurando su nombre en un susurro suave y constante.

Su risa, contagiosa y llena de vida, se mezcla con el rumor de las olas que besan la costa. Es como una canción ancestral que flota en el aire, recordándome las noches bajo el cielo estrellado de México, donde la luna era testigo de nuestro amor eterno.

Ella, mi Cuauhtli, es la encarnación de nuestra raza, de nuestra historia compartida. Su piel morena como la tierra que pisamos, sus cabellos oscuros como la noche que nos abraza en el recuerdo. En cada gesto, en cada mirada, veo la fuerza de nuestros antepasados y la belleza de nuestro linaje.

Prometo volver a cruzar el océano, a reunirme con ella en esta tierra que ahora la acoge, para celebrar nuestra historia en cada rincón de Málaga. Por que aunque estemos separados por miles de kilómetros, su presencia aquí me conecta con nuestro pasado, con nuestra esencia compartida.

Cuauhtli, mi amor eterno, mi musa mexica en tierras lejanas. En cada rayo de sol que acaricia su rostro, en cada brisa que mueve su cabello, sé que nuestra conexión trasciende fronteras y océanos. Ella es mi promesa de volver, de encontrarnos de nuevo en la tierra que ahora la abraza con la misma intensidad que yo la llevo en mi corazón.

Sonata para Cuauhtli en Málaga

I.

En la brisa suave del Mediterráneo,

se entreteje el eco de tu risa,

Cuauhtli, princesa de raíces antiguas.

Entre las callejuelas de Málaga,

donde el sol besa las fachadas blancas,

tu presencia es un susurro de historia.

II.

Tus pasos son el ritmo de un baile ancestral,

en los jardines de la Alcazaba,

donde las flores te saludan con susurros.

El mar, testigo de tu belleza morena,

refleja la luz de tus ojos,

como faros que guían mi camino de vuelta.

III.

En cada rincón de esta ciudad que te abraza,

eres la melodía que enriquece el aire,

Cuauhtli, mi amor eterno en tierras lejanas.

Las sombras danzan al compás de tu memoria,

recordando noches bajo el manto estrellado,

donde promesas se entrelazan con suspiros.

IV.

Regresaré, cruzando océanos y distancias,

para encontrarte entre los susurros del pasado,

en la tierra que ahora te acoge con amor.

En cada nota de esta sonata que compongo,

vibra la promesa de nuestro reencuentro,

donde el tiempo y la distancia son solo un suspiro.

Canto Flamenco para Cuauhtli en Málaga

En las calles blancas de Málaga,

donde el sol acaricia el mar,

Cuauhtli camina con gracia serena,

su presencia como un sueño ancestral.

Entre las sombras de la Alcazaba,

sus pasos son versos de tierra y sal,

canta al eco de su raíz lejana,

en el flamenco, su amor eterno se halla.

El mar Mediterráneo, testigo fiel,

refleja la luz de sus ojos morenos,

como estrellas que guían mi querer,

hacia su abrazo perdido entre océanos.

Prometo volver con canción mexicana,

cruzando caminos de tierra y amor,

para encontrarla entre brisas y saudades,

Cuauhtli, mi musa eterna, mi ardor.

Poema 42

Gracias dieron las dunas blancas, cuando naciste

Regia y única como poza azul en el desierto,

Alta y hermosa destinada, a ser elegante como garza,

Cantos hicieron las aves en tu honor,

Inmensos los cielos se abrieron,

En anuncio fastuoso de tu llegada

LA profundidad de tus ojos, tu mirada.

Como te amo

Voy a tratar de escribir en estos versos
Cuánto te amo, espero sea
Una poesía de esas que llaman sinceras
Y describir, por ejemplo, cómo son tus besos,
Cómo es tu cabello, o lo hermoso de tus ojos.
Intentaré, como he dicho, que sea en rima,
pero
Mi corazón está hablando en prosa.
Y sabes, si bien es mío, desde que te conoce
Se ha convertido en un corcel indómito.
Diciéndome siempre, cuánto la amamos,
¿verdad?
Esos ojos, esa boca, esa sonrisa.
Ese olor de sus cabellos, ese algo que tiene
Que nos embriaga de amor.
No culpo al pobre, es como un niño
Que no sabe de métricas ni endecasílabos.
Él solo sabe de ti, de mí,
Y de cómo brinca de alegría cuando me
hablas,
Cuando con esa ternura me dices "te quiero",
De cómo se siente cuando con tu oído en mi
pecho
Lo oyes cantarte esa canción de blues,
De cuánto te ama.
Volveré, como dije, a encaminar este poema
Y hablar de nuevo, digamos, de la arena,
De tus huellas de gaviota de Neruda,
Adelgazando cuando, cuando,
Cuando, no sé.

Es que este corazón ya hizo una fiesta
De ti en mi pecho, ritmo único y constante,
Que tú, siquiera intencionalmente,
Como musa dirige

Poema 44

En el eco de los campos dorados, donde el viento susurra secretos antiguos, se esconde la sombra de una estrella, una luz que ya no brilla en la noche.

Ella, mujer de la tierra, raíces profundas en el polvo, con manos curtidas por el sol y ojos que narraban historias de lunas llenas.

Dos estaciones pasaron como ríos, dos inviernos y dos veranos, donde el silencio se hizo compañía y el crujir del fuego se volvió consuelo.

Ella, la sabiduría de las eras, con su sonrisa que florecía margaritas, me enseñó a hablar con las estrellas, a escuchar el susurro de las hojas caídas.

Soy de la ciudad, de los sueños de hierro, pero mis pasos fueron guiados por los senderos de su memoria, por los arroyos de su risa fresca.

Ahora, en el murmullo de los días grises, busco su sombra en las esquinas del cielo, en el reflejo de un horizonte lejano, en la melodía de un canto de madrugada.

Ella, la torre de mi infancia, el refugio en la tormenta, se ha convertido en el suspiro del viento, en la canción que nunca acaba.

Ultimo poema

Años esperé por tu amor, para que tú me quisieras,
para que tú me amaras.
Años esperé por ti, por tu regreso.
Te veía de lejos, desde mi orilla,
y te veía de aquí para allá, rodando como maremoto.
Años esperé que dijeras: él, él me ama.
Él me ama como si el mundo hubiera comenzado conmigo.
Él pacientemente me ha esperado, aguardado por mí.
Él es el que me ha llamado la mujer de su vida.
Pero no, nunca volviste a mí.
Nunca sentí tu amor de nuevo.
Años esperé por ti,
hasta que un día, viendo el mar buscando tu bote,
una sirena se acercó al cayo donde estaba.
Y me amó, me amó tanto que borró
en un instante tu recuerdo y a ti de mi memoria.
Te sacó de mi corazón, tú que habitaste tantos años.
Como el premio que siempre anhelé.
La amo, la amo como nunca pensé que amaría en la vida.
Tanto que te languidece a ti, mi Rosalina, a ti
y tu hermoso cabello negro, y tus ojos distantes.
Te hizo palidecer como la última estrella frente

a un amanecer.
Ella, esa sirena que es el sol, esa Beatriz, esa Julieta que ni siquiera imaginé tener.
Te desdibujó de mi alma y mi corazón.
Cuánto te amé, diría Neruda, cuánto te extrañé, diría Borges, y no la elegí, diría Cortázar.
No elegí amarla, sino que el amor nos eligió a nosotros.
Por eso, antes de olvidarte, escribo este epitafio como el último poema que te hago.

Ultimo poema II

Años por ti esperé,

quería que me quisieras,

quería que me amaras.

Años por ti esperé,

y por tu regreso fiel.

Desde lejos te miré,

en la orilla yo te vi,

como marea rodar.

Años por ti esperé,

que dijeras "él me ama,

como nunca nadie amó,

como si el mundo nació,

para él y para mí."

Años por ti esperé.

Nunca volviste a mí,

nunca tu amor sentí.

Un día, al mar yo miré,

buscando tu barco fiel,

una sirena llegó,

al cayo donde esperé.

Y me amó como el sol,

borró tu amor de mi ser,

tu recuerdo y mi dolor.

A ti de mi corazón,

te sacó sin más razón,

como premio anhelado.

Amo, amo sin razón,

como nunca imaginé,

mi Rosalina, tú y yo,

te languideces sin sol.

Como estrella al amanecer,

ella, la luz de mi ser,

Beatriz, mi Julieta fiel.

Te desdibujó de mí,

te borró sin más razón,

te sacó de mi corazón.

Cuánto te amé, diría,

Neruda con gran pasión.

Cuánto te extrañé, diría,

Borges con gran emoción.

No la elegí, Cortázar,

diría con su razón.

El amor nos eligió.

Antes de olvidar, diré,

este poema es mi adiós.

Ultimo poema III

Segudilla Gitana

Años yo esperé,

por tu amor sincero.

Quería que me amaras,

como yo te quiero.

Desde mi orilla,

mirando el mar,

te veía rodando,

como un vendaval.

Años yo esperé,

tu amor y regreso,

pero nunca volviste,

ni un solo beso.

Una sirena,

llegó hasta mí,

borró tus recuerdos,

me hizo feliz.

Con amor tan grande,

que nunca soñé,

a mi corazón triste,

lo liberé.

Mi Rosalina,

con pelo negro,

tus ojos distantes,

quedan en el recuerdo.

La sirena es sol,

Beatriz, Julieta,

te desdibujó a ti,

mi alma despierta.

Cuánto te amé,

diría Neruda,

cuánto te extrañé,

Borges murmura.

No la elegí,

Cortázar cuenta,

el amor nos tomó,

en su gran tormenta.

Antes de olvidar,

te escribo adiós,

este último poema,

mi corazón dio

Pórtico de iglesia

Abrí mis ojos como pórtico de iglesia

Esperando que tú entraras, regia

Al atrio de mi corazón.

Lugar de mi alma, y no de mi razón.

Donde los coros dicen si, tú, ella

Elígela a ella, y cuídala.

Te abrió el sacristán, de mi iris

Y te dejo entrar al baptisterio de mi amor

Donde humedeciste tus labios

Y ofrendaste tus lagrimas

Ya adentro, tú mortal y efímera

Te hice infinita, en mis palabras

Inmortal en mis liricas

Donde intento también yo sobrevivir

A esa muerte fría y distante,

A ese olvido que disipas, y espantas

Solo por hoy y quizás mañana.

Llueve en mi corazón

Llueve en mi corazón

Tanto o más como te amé.

Llueve esa lluvia rara que tienen

Internamente, nosotros lo seres humanos.

Lluvia solitaria, y a veces inefable

No por falta de adjetivos o verbos

Sino porque es tan tupida, y a veces

Solo a veces súbita e inexplicable.

Lluvia que brota en la fuente del corazón

Y se escurre en la boca del estomago

Y baja aún mas, ahogando mariposas

Que alguna vez felices, revolotearon.

Llueve en mi corazón,

A veces de manera no newtiana

Escapándose hasta arriba,

Por las hendiduras de mis ojos.

Llueve, de todas formas y razones

Salpicando mi alma, y mis tristezas

Quisiera que saliera el sol

y con si calor calentara mi sangre y mi dolor

Pero este diluvio parece interminable

Que me apresa en la oscuridad nublada

Y me ahoga en milímetros de mis propias lagrimas

Llueve en mi corazón, pero no hay nada.

Uno se habitúa

A veces quisiera olvidarte,

Pero te llevo tan incrustada en mi pecho

Como esas balas, que no matan

Y uno se habitúa.

Lo hago, en el verbo involuntario de olvidar

Uno camina, uno come, pero uno no olvida

No en la forma que el leguaje nos dicta

No a voluntad, sino solo pasa.

Y a mí no me pasa, lo puedo decir

No, así como aquí te lo escribo

Te estoy olvidando, o eso creo

Que hago, según el verbo.

Pero ni lo hago, ni pasa

Solo aprendo a vivir sin ti

Aquí, en mi poema de olvidar.

Diciendo que te estoy olvidando.

Pero lo único que hago es

Recordándote, verbo curioso ese

De recordar.

Todos lo hacemos, pero tampoco

De manera voluntaria. Sino dentro

De esta aleatoriedad existencial,

de tanto en tanto lo hacemos.

Valentina

Para Valentina de Orazal Camacho

Qué raro es el amor, ¿verdad? Que abruma,
un sentimiento que no sabe de oro,
y aunque a veces queramos escapar del foro,
nos envuelve, como el miedo a la luna.

Un lujo de poetas, de estrellas en la bruma,
un amor que parece lejos, casi sin decoro,
pero también a los pobres nos toma el coro,
y su luz nos atrapa, sin fortuna alguna.

¿Será el mismo amor que aquellos cantan?
¿O el nuestro, teñido por la necesidad,
es un amor que en la penumbra espantan?

No sé si es puro, o si en su realidad,

es amor que la luna a veces quebrantan,

pero lo siento igual, y en eso hay verdad.

Oda al Beduino

En el vasto desierto, donde el sol se desploma,
donde la arena susurra secretos de gloria,
se alza el clamor de una lucha inmortal,
el eco de un beso, de sangre y batalla.

Allí, entre dunas teñidas de rubíes,
una sombra se alza, destino forjado,
un guerrero que danza con la muerte en sus brazos,
en la arena que llora, en la arena que arde.

Oh, destino que tramas en hilos de acero,
que entrelazas la vida con la muerte impía,
¿qué poder esconde aquel beso final,
que robó la pureza, que selló la agonía?

Las espadas se cruzan, el viento enmudece,
y el amor se convierte en un grito salvaje,
porque en la arena, donde el tiempo no existe,
se forjan leyendas en la llama del coraje.

¡Salve, guerrero, que en la arena dejaste,
el eco de un beso que el viento ha robado!
Tu sangre es la tinta que escribe en el suelo,
una historia sin tiempo, un amor desolado.

Le pedí a Dios

Le pedí a Dios encontrarte

Así como el que ruega por un pan

Le pedí, allí de rodillas

Con mis manos sobre mi rostro

Y le suplique por ti,

Por ti, por ti y tu llegada.

El eterno me escuchó, eso creo

Y como el rocío en las madrugadas

Llegaste un día, con tu humedad

Y me amaste, como solo lo soné

Tanto que mi corazón dentro de mi

Saltaba de alegría

Y la vida continúo, como lo hace el tiempo

y los astros trashumantes.

Oda al Beso de Sangre y Arena

Oh, beso de sangre y arena,

en ti convergen la vida y la muerte,

como el matador y el toro, en un abrazo eterno,

donde el ciego Yeyo encontró su destino.

No te veo, pero te siento,

en cada oleaje de vítores y bramidos,

en el temblor del ruedo bajo mis pies,

donde la euforia y el terror se entrelazan.

Tus ecos resuenan en la plaza,

como un grito que se pierde en la noche,

donde las sombras de los toros se alzan,

y la vida pende de un hilo afilado.

En tus labios, oh, beso de arena,

se mezclan la pasión y la muerte,

como la sangre que brota del acero,

y la arena que absorbe su último aliento.

Eres la llama que quema en el pecho,

la caricia de la muerte que susurra,

y en ti, Yeyo encontró su primera corrida,

su primer amor, su primer latido.

Oh, beso de sangre y arena,

tú que eres el eco de un capote en vuelo,

la promesa de un amor imposible,

y la memoria de una tarde de mayo.

Eres el silencio después del estocada,

el suspiro que sigue al último grito,

y en ti, Yeyo vivió su más grande pasión,

un amor que nunca pudo ver, pero siempre sintió.

Eres la historia de un ciego que amó,

sin ver, pero con todos sus sentidos,

y en cada latido, en cada beso,

se consumió en la arena, en la sangre, en la eternidad.

Oda a los Inusitados Ojos Negros

¡Oh, inusitados ojos negros, abismos en la faz del mundo!

Centelleantes como diamantes en la penumbra,

guardáis el eco de mil historias,

de rapto y pasión, de estepas y desiertos helados.

En la vastedad de la Antártida, donde el silencio reina,

se encuentra Boriso, con el corazón encendido,

por Polina, la eslava de ojos azules como lagos helados,

pero su alma es devorada por la leyenda,

de aquellos inusitados ojos negros,

que esconden en su reflejo las noches sin fin de la estepa.

¡Oh, ojos negros, testigos de los destinos cruzados!

De Myriam, la perla negra de su padre,

y de Inna, que su hambre y destino no doblegaron.

En vuestros reflejos, el amor y la tragedia se entrelazan,

como hilos en la tela del tiempo.

Sois la herencia de tierras lejanas,

donde los príncipes caen ante la belleza,

donde el destino se escribe en la piel y en los ojos,

y donde la oscuridad de vuestra mirada,

es la promesa de una historia sin final.

Boriso, perdido en la vastedad del hielo,

escucha el susurro de esos ojos lejanos,

y en su corazón siente el eco de generaciones,

que amaron, lucharon y murieron por un solo
vistazo,

de esos inusitados ojos negros,

que guardan el misterio del mundo en su
profundidad.

Oda a Almiro Montalvo y el Pantano Encantado

Almiro Montalvo, de piel morena y mirada severa,

Llegaste a la tierra que nunca te imaginó su amo,

Montando un alazán de riendas plateadas,

Con el aire de un destino que jamás fue planeado.

La tierra de algodón y sudor se convirtió en tu reino,

Un imperio forjado en el azar y el olvido,

Donde el sol de marzo reveló secretos

En los ojos verdes de una joven cuarterona,

Tobiana, flor nacida en la sombra,

Que en su tímida belleza encendió tu pasión.

Amor de ogro y cordero, de amo y esclava,

Que bajo el manto de la noche se unieron,

En un pacto silencioso que la luna contempló,

Mientras las estrellas se ocultaban tras las nubes.

Tus días se colmaron de riqueza y poder,

Aceptado por vecinos de piel más clara,

Que en su hipocresía te abrazaron,

Y en sus banquetes de whiskey y mulatas,

Dilapidaste fortunas, ajeno al abismo.

Pero fue el pantano, oscuro y misterioso,

El que reveló la verdad de tu alma.

En sus aguas turbias, donde los aluxes danzan,

Viste los miedos que tu linaje ocultaba.

En la casona antigua, oculta en el barro,

Criselda, la dama de blancura espectral,

Te miró con ojos que no eran del todo humanos,

Y en su sonrisa helada, guardó el secreto

De un destino que aún no comprendías.

Intentaste abrir la puerta de los tesoros,

Golpeaste, empujaste, pero el candado resistió,

Como si el tiempo mismo protegiera su interior,

Un enigma envuelto en leyendas y temor.

Te perdiste en los días, iguales y monótonos,

Donde el sol apenas distinguía una jornada de otra,

Hasta que, en un gesto de desesperación,

Propusiste a Criselda un matrimonio de conveniencia,

Unir dos almas separadas por la muerte y la vida.

El pantano, testigo mudo de tus ambiciones,

Guardó silencio mientras planeabas tu jugada,

Ignorando que en sus sombras,

Los espíritus de tus ancestros observaban.

Almiro Montalvo, héroe trágico y ambicioso,

Tu historia se pierde entre las aguas,

Donde los caimanes acechan y los aluxes ríen,

Pero tu nombre resuena en las paredes del tiempo,

Un eco en la selva, un susurro en el viento,

Que nunca será olvidado.

La mujer de ojos tristes

Oh, la mujer de ojos tristes, Valentina,

tu historia es un eco en el viento,

una balada de amores y sombras,

un viaje entre la luz y la penumbra.

Naciste en la isla de soles intensos,

en la tierra donde el mar susurra

canciones de esperanza y duelo,

y tus pasos, frágiles como el viento,

fueron trazando un sendero de penas.

Oh, Valentina, flor de Rosario y Santiago,

tu vida fue un remolino de tormentas,

un crisol de promesas rotas y sueños

que se desvanecieron en la bruma del pasado.

La belleza que en otros sería tesoro,

para ti fue un peso, un signo de dolor,

un espejo cruel que reflejaba

el abandono, el sufrimiento, la soledad.

Te amó el poeta, el creador de mundos,

Diógenes, quien vio en ti su musa,

pero ni su amor ni su arte

pudieron ahuyentar las sombras

que habitaban en tus profundos ojos,

esos lagos de tristeza infinita

donde se ahogaban las palabras,

donde el silencio era el único lenguaje.

Oh, mujer, cuyo dolor no conoce límites,

fuiste amada y adorada, pero siempre lejana,

como una estrella inalcanzable,

brillando en un cielo que no era el tuyo.

El amor te encontró, pero nunca te rescató

de ese abismo interior, donde tu alma,

como un ave herida, luchaba por volar

hacia un horizonte que nunca llegó.

Tu historia es una oda al dolor,

una canción a la tristeza eterna,

una danza entre la vida y la muerte,

donde el amor es solo un pasajero

en el tren de la desesperación.

Valentina, la mujer más triste del mundo,

tu belleza fue tu cárcel,

tu tristeza, tu libertad.

Oh, Valentina, en tu memoria,

esta oda resuena como un lamento,

un recordatorio de que la belleza y la tristeza

a veces caminan de la mano,

y que el amor, aunque poderoso,

no siempre es suficiente

para sanar las heridas más profundas

del corazón humano.

Epilogo

Y así, como el último rayo de sol que se desvanece en el horizonte, las palabras también encuentran su ocaso. Este viaje, hecho de fragmentos y sombras, de memorias que se desdibujan, llega a su fin. Pero en el eco de cada verso, en el susurro de cada estrofa, persiste la promesa de lo que vendrá: un mañana que no conoce de olvidos, un lugar donde los recuerdos se disuelven como la bruma en la mañana. Tal vez, en la pausa que sigue, en el silencio que llena el vacío de las páginas, encuentres la respuesta que siempre estuvo escondida en el rumor de las palabras. O tal vez no. Porque algunas verdades, como el tiempo mismo, están destinadas a perderse.

Florencio González Alonzo de León

La mujer mas triste del mundo

Cuento publicado en La tragedia de los comunes.

Decidimos hacer nuestra boda en la iglesia de Santa Elena, porque en ese lugar se encuentran las cenizas de mi madre. Tenía ya cinco años de muerta, pero aún me sentía con la misteriosa necesidad de su aprobación. No fueron pocas las mujeres que dejé por su consejo, bastaba solo un comentario en el cual ella me dejara ver algún defecto estético de mi novia en turno, para romper con esa relación. Lo oscuro de su piel, lo corto de su estatura, lo ancho de su nariz, el vientre ligeramente abultado, eran sus temas preferidos en las tardes de merienda en su casa de Montevideo. Por eso creo que Valentina Trinidad le hubiera encantado; su nariz de miniatura de porcelana, sus ojos zarcos, uno café y otro verde, sus piernas largas, y toda su portentosa belleza, le hubiera causado un impacto visual. Como el que yo tuve, la primera vez que la vi. Ya era un escritor de cierto éxito en el puerto, y mis obras empezaban a ser vistas cada vez más en las carteleras de los teatros. Fama de esa oculta, sórdida, escondida tras la máquina, que no me hacía reconocible en una pulpería o restaurante. La misma Valentina cuando la conocí en ese puente, no supo que yo era el autor de al menos dos o tres obras donde ella había actuado, hasta que después en esa primera charla en ese café de Avellaneda, allí citando mis personajes ella identificó mi prosa.

-Con que vos sos Diógenes Coromoto el guionista. El mundo es un pañuelo.

Me dijo, mientras me miraba con esos hermosos ojos tristes.

-Por favor, no le digas a nadie como me conociste.

-No te preocupes, te lo prometo.
Promesa que cumplí hasta hoy que escribo esto. Iba en el colectivo ruta 134 hacia la

ciudad de Avellaneda, sin un propósito en sí. Si no que me gustaba ver la vida en movimiento, como recurso de la inspiración para una historia que llevaba en mi mente semanas. Había escuchado de dos amantes que se daban un beso entre espejos, y juraban que esta realidad no era la de ellos, sino eran el reflejo cuatro o cinco de ese infinito reflejado. En eso cavilaba mi mente buscando el principio del relato, mientras mis ojos miraban y no por la ventana. Un panadero en bicicleta, una mujer con mascada, obreros almorzando y un anuncio del jabón del Perro Feliz era lo que enfocaba de tanto en tanto. Cuando de pronto al cruzar el río, sobre el puente Pueyrredón la vi. Una mujer de gabardina café y cabello rubio, que con las manos en los bolsillos en la orilla observaba el río. Pedí el alto, y el conductor que conocía por mis andanzas, fuera quizás del protocolo de los colectivos urbanos mundiales, se detuvo sobre el puente y me dejó bajar a cincuenta pasos de ella. Caminé y mientras la percepción la hacía cada vez más grande en mis ojos, noté que cruzó los tubos de protección peatonal. No quise gritarle hasta no estar más cerca de ella, temiendo que el susto la hiciera saltar. La rubia no se dio cuenta de mí, hasta que estaba a tres o cuatro pasos. Al notarse sorprendida vi su cara melancólica hacer una mueca, como de vergüenza. Pero no trató de justificarse, sino quizás pensando que era un peatón que en la indiferencia pasaría de largo, se volteó y siguió viendo las aguas diáfanas del río. No quise empezar la perorata de las banalidades de la vida, y porque es tan bella e importante vivirla, así que opté por decirle.

-¿Porque no dejas eso para la noche, cuando sea más idílico el suicidio? Mientras podemos ir a tomar un café.

Nunca, ni de bachiller fui un hombre apuesto, y siempre me costó un verdadero trabajo conseguir mujeres hermosas. Que, si las hubo, pero no en la cantidad como hasta después de que entendí el poder de la poesía y el dinero. En ese momento aquella mujer en ese puente no escuchó mis versos, ni vio mi billetera, por eso siempre se me hizo poco peregrino que dejara aun lado la atractiva muerte, por irse a tomar un café conmigo a la tierra de quintas y pulperías. Algo la convenció, algo que nunca le pregunté.

Valentina siempre se auto reconoció como oriunda de Rosario, pero la verdad como bien lo sabes es que había nacido en Santiago de Cuba. Huérfana de madre, su padre un peón de la zafra, nunca tuvo especial cuidado de ella, por lo que se crio entre la indiferencia de algunas tías y la envidia de sus primas. Jamás les guardó rencor, pese a que fueron testigos de su sufrimiento. Pues esa belleza, proeza de la evolución humana, en otras circunstancias aristocráticas hubiera sido una bendición, pero en aquel arrabal caribeño fue todo lo contrario. Maldición que le hizo pasar por lo que pasan las niñas pobres en la calle. Creo que fue por esa época que el cuervo negro de la tristeza se posó sobre el dintel de su corazón.

En esa vida incipiente y triste, le llegó el amor adolescente. Fue en Orazal Camacho, un ladrón morocho en quien ella encontró una protección paternal, pues fue el único que la defendió en la tortuosa calle. Porque pese a que era un año menor que ella, ya se comportaba como un hombre. Creo que ella de cierta manera nunca lo olvidó. Una madrugada en Ipanema en la velada de su insomnio me contó, que la primera vez que quiso suicidarse ya de manera decidida, él la encontró en el huerto de aquella casona abandonada donde dormían. Allí dentro de un vivero señorial, ella tenía entre sus hermosos dedos un frasco con una araña capulina. Su intención era ponerlo sobre su brazo y morir. Orazal que comprendió su mortal intención, se arrodilló frente a ella, la abrazó y le dijo cuanto la amaba, que moriría por ella. En ese abrazo le prometió, al alba desposarla y llevársela muy lejos de la isla, a un lugar donde por fin sería feliz. Lo cumplió, esa tarde quien sabe de dónde sacó dinero, para juntos montarse en un avión rumbo a Nicaragua ya como marido y mujer. Ella siempre recordaba de ese viaje, lo feliz que fue al conocer McDonald's con su entonces esposo. Otro día después de una ovación de pie, que Valentina recibió por su papel en Ruta de Muergos, en la soledad de nuestro departamento de Buenos Aires me dijo que duraron poco en Managua, solo lo suficiente para juntar lo necesario y continuar. Trabajaron como ayudantes de un curandero que se auto llamaba cajita de santo Fidencio, que tiempo después cuando lo hallaron muerto cerca de Noiva do Cordeiro, la policía brasileña dijo a la prensa que era un cristero mexicano que se había escondido durante décadas en Centro y Sudamérica. Cuando Valentina supo la noticia, no creyó, en cambio en una especie de homenaje póstumo ella siempre contaba la vez que el santo le dijo que en sus inmensos ojos tristes se podía ver fama y muerte verde. Yo nunca le creí que el santo no hubiera tenido otra intención con ella, pero al parecer no, porque fue él hombre que más les ayudó a salir de Centroamérica en su camino a Montevideo. No fue fácil, pero estaban motivados y enamorados. Su segunda escala fue Corregimiento de Belén, donde llegaron en un bote de pescadores. Ya en playa, tuvieron que continuar por tierra hasta Quito pasando por Medellín. Ella nunca entró en detalles de abusos, los cuales seguramente hubo muchos. Solamente una vez que duro tres días sin dormir, el doctor Arozamena le aplicó una dosis alta de barbitúricos y en su estado de sedación, confesó una violación perpetrada por unos policías rurales de algún pueblo de Antioquía. Orazal la defendió, pero su valor solo causó más risas y dolor. Curadas las heridas en Quito, continuó el viaje. Pasaron como pudieron Perú, de donde solo se preguntaba cuando lo llegaba a recordar, el por qué de aquellos sombreros de bombín. No recuerdo habérselo explicado, cuando siempre tuve la respuesta, no porqué la hubiera leído en algún libro o revista, sino un tío mío, siempre solía hacer la comparación optimista entre los sombreros del Perú y la historia de un vendedor de zapatos que llegó a una isla polinesia.

-Tienes unos ojos interesantes. Como de intelectual o artista.

Me dijo la mujer con la mirada más triste del mundo, mientras charlábamos en ese esquinero café de Avellaneda. De cerca era mucho más hermosa como miniatura en lupa.

Su cutis de melocotón, o más bien de durazno japonés, dejaba ver su pelusa microscópica a contraluz. Olía a Floris francés que en su existencia parecía mezclarse con cabellos y lágrimas ya secas.

-¿Y vos, a qué te dedicás?

-Ella era hermosa, como ninfa tropical. Sus cabellos de lianas apresaban mis pensamientos en las noches que dormida junto a mí, en la oscuridad la pensaba.

-¡Mirá vos! Con que sos, Diógenes Coromoto el guionista. El mundo es un pañuelo.

Me dijo al identificar la línea de Amahuaca, una de mis obras que ella había interpretado. Sus hermosos ojos tristes se abrieron dilatando sus pupilas, en un reflejo inequívoco de la mujer frente al poeta. Ella se interesó en mí, tanto que ya era tarde cuando con modestia el mozo de acento mendocino nos pidió dejar la pulpería. Ya no había trasporte que nos hiciera salir de Avellaneda, así que caminando cruzamos el puente de Pueyrredón hacia el centro de

Buenos Aires. Hablamos de tantas cosas que no recuerdo muchas. Lo que nunca olvidaré es lo hermosa que se veía de tanto en tanto, cuando las viejas lámparas de calle iluminaban su rostro. Esa noche como un Dante porteño me enamoré de ella, de Beatriz. Esa Beatriz de Rosario como lo era entonces. Ella acostumbrada al huracán de su belleza, y los estragos que hacía en los damnificados del amor, no mostró reflejo en el espejo de sus ojos. Pero noté que la curiosidad amarizó en el lago rojo de su corazón. Así que quedamos en seguir viéndonos.

Un domingo de esos de tango callejero en La Boca, me dijo que esa mañana había roto su relación con Daneri Bulgheroni, un hijo del hijo que tenía por deporte dilapidar dinero en mujeres y caballos de polo. Para aquel entonces desconocía su vida sentimental, y pese a ser pocas nuestras salidas, me sentía con cierto derecho y celos, pero la sorpresa de la declaración me alegró. Ella me sonrió con esa sonrisa contagiosa, para luego mirar a través de mí con esos ojos melancólicos. Solía hacerlo mucho, mirar y no las cosas o personas a su alrededor. Era como si se desconectara de la realidad euclidiana y traspasara la materia. Yo nunca la saqué de sus transes espontáneos, sino absorto en sus ojos de Autómata de Hopper, esperaba a que volviera. Lo hacía casi siempre con una sonrisa, y la vida continuaba. No recuerdo cómo fue que ella se enamoró de mí. Pero debió ser algo parecido a quedarse dormido. Lo hace uno, a veces consciente por la imperiosa necesidad de madrugar, u otras tantas por cansancio, pero siempre sin darse cuenta cuando pasa. Así creo que fue que esa mujer de ojos tristes, sin notarlo solo le sucedió. Nos volvimos inseparables. En el hipódromo, en el casino, o en las fiestas en puerto Madero, siempre estábamos juntos. Fui feliz, como solo lo había imaginado en mis historias y creo que ella también lo fue a veces, cuando su intermitente tristeza la dejaba. Antes de los medicamentos, dormía tan poco, que yo tuve que adecuar mi trabajo para acompañarla en las noches en vela. Donde tecleaba poco y amaba tanto, charlábamos o hacíamos el amor hasta que la naturaleza la vencía, muchas veces con el cielo azul entrando por los malos dobleces de aquellas cortinas de lino grueso. Yo la dejaba descansar y bajaba con mi máquina, y sentado en la cocina continuaba mis historias. Por aquella época, creo que todas mis mujeres de ficción fueron ella, algo reprochable y de poco oficio, que hacen los escritores novatos.

Le pedí matrimonio en el jardín japonés, un septiembre de cerezos en flor. Aunque estaba en mis planes pues llevaba meses con el anillo en mi bolsillo, la pedida fue súbita y espontánea, como muerte de cuna. Fue allí, en medio de una representación de Los Siete Samuráis, que aparté como pastor australiano de la multitud, a esa magnífica oveja de ojos zarcos. Ella como invitada especial de la embajada japonesa, lucía un kimono azul marino, bordado con lotos celestes y garzas blancas. Además llevaba su cabello rubio recogido con hermosos pasadores negros. Ella atenta escuchó mis palabras salir de mi boca, entre el humo de mi cigarrillo.

-Valentina, quisiera decirte un haiku:

Susurra el viento, Amor en cada latido, Eternidad juntos.

Ella se acomodó detrás de su oreja unos cabellos que se liberaron de la prisión estética y me sonrió. Yo sentí que estábamos en una especie de cielo teológico y por un momento creí que éramos el reflejo de dos enamorados en ese estanque de carpas koi. Pero concentrándome tiré mi cigarrillo y me hinqué.

-¿Te querés casar conmigo?

Ella tapó su boca con su mano izquierda, y las lágrimas salieron de aquellas redondas fuentes sulfúricas, como estatuas de bronce antiguas.

-Sí.

Se dejó oír del sonido de sus labios entre sus dedos.

-Sí Diógenes, acepto.

No hubo padre a quien pedir la mano, ni madre que heredara el vestido. Así que la ceremonia fue en Montevideo, al ser este el único lugar donde alguno de nosotros tenía un receptáculo con algún ancestro. Eran las cenizas de mi madre, que bajo un modesto soborno, un sacristán había escondido en lo hueco de algún santo de la parroquia de Santa Elena. Jamás supe cual santo fue, pese a que eran pocos los que adornaban esas austeras paredes. Pero me sentí feliz de que mi madre, contemplara mi unión con Valentina.

El día que regresamos de la luna de miel, en el pórtico del edificio ahí estaba él, Orazal Camacho. Al cual confundiéndolo con un vagabundo, el portero llevaba algunos minutos tratando de echar a la calle. Al verlo Valentina lo abrazó. Él quiso decirle algo, pero no pudo emitir palabra alguna, porque estaba mudo. Enseñas aquel morocho, se medió comunicó con ella, y esta decidió rentarle un diminuto departamento cerca del nuestro. Día a día lo visitaba, alegándome que era un pariente amado. Yo con el celo natural de quien posee un tesoro, no le creí, así que busqué un detective privado, y te contraté a ti, Florencio Ghiringelli. Tú diligentemente averiguaste, el origen de aquella pareja, no con el detalle que poco a poco me develó en los insomnios Valentina. Pero si con datos puntuales. Fuiste tú, quién me dijo que todos esos años Orazal estuvo en un sanatorio mental, donde sus delirios era el terror de a ver sido secuestrado por el Mapinguari.

Con la llegada de aquel mudo, empeoraron los pulsos suicidas de la rubia, así que dejé de escribir por estarla cuidando. Un día logré alejarla por un tiempo del puerto y visitamos Rosario. Todo el camino estuvo preocupada por Orazal, a quien dejamos al cuidado de una enfermera. Preocupación que se disipó al llegar a la ciudad. Yo le increpaba para que desde su óptica nativa, me mostrara su Rosario. Ella no tenía idea que ya sabía que era cubana, pero herido por sus mentiras quise dejarla, hasta ver a donde llevaría su historia.

-Déjame ver la casa donde naciste.

-Es una casa grande en la salida oeste, mañana vamos.

Así pasaron dos días, hasta que una mañana

desayunando unos panqueques, le pregunté por qué no me llevaba a conocer su casa. Ella lloró, y me prometió ir en la tarde. Antes de la hora de comer, tomamos un taxi y llegamos a una enorme casa de estilo estancia. Ella, magnífica actriz que era, había organizado toda una puesta en escena, con parientes gauchos, recuerdos y todo. Yo la amaba tanto, que pese a que me sentía de cierta manera traicionado, no quise avergonzarla con la verdad. En cambio me dejé agasajar con una fiesta campera, con asados, baile y música. En la noche, recostados en el calor de aquel verano, nos volteamos a ver y vi sus profundos ojos tristes como dos estanques gemelos. Comprendí que me amaba y que realmente no importaba su pasado. Pero ella habló. Me confesó su patria, y parte de su niñez en Santiago de Cuba. Me sentí feliz por su confesión, que ya no la molesté más con el tema. Sino dejé que ella como borbotón natural, brotara su verdad conforme quisiera. Porque fuera como fuera, era mía en ese presente infinito. La siguiente mañana los actores amateurs no sabían que yo ya conocía la verdad, así que como espectáculo vacacional seguimos disfrutando de nuestros primos ficticios de Rosario.

La noche que volvimos al puerto, nos enteramos de la noticia. Orazal se había aventado del balcón en un ataque de locura, o eso fue lo que nos relató Martita la enfermera. Nos dijo también que, horas antes del salto, el hombre mudo habló. Con su voz supo que estuvo alucinando con ver el Mapinguari en cada una de las ventanas del departamento. Ella trató de calmarlo, tapándolas con cuanta sábana pudo conseguir. Pero fue inútil, aquel hombre estaba aterrorizado y solo gritaba una y otra vez.

-¡No voy a volver pa'llá, no voy a volver a ese lugar!

Martita llamó al médico para que le suministrar algún sedante. Pero cuando llegó el Dr. Arozamena, este solo pudo confirmar la muerte de Orazal, cuando lo vio tendido en el pavimento. Valentina lloró mucho sobre el pecho de aquel mulato mudo. Solamente cesaron sus lágrimas, cuando la funeraria se llevó el cuerpo en la carroza.

-Hay que enterrarlo lo más pronto posible y en un ataúd de plomo.

Me pidió Valentina con una mirada resolutiva. No quise comentarle lo difícil que sería hacerlo a esa hora de la noche. Así que asenté con la cabeza y me eché el bulto al lomo. Tuve que hablar a varios funcionarios de la ciudad, pero logré complacerla. Lo enterramos en el panteón de La Recoleta a las 3:00 de la mañana. No conseguí el féretro de plomo, pero le mentí usando uno de aluminio, el cual por el color, ella no notó la diferencia. Como si el cielo acompañara el dolor de aquella mina, empezó a llover y así fue como a lo Mozart aquel morocho descendió en la tierra negra del puerto. Horas más tarde, después de hacerle el amor salpicado de sus lágrimas, ella me contó el relato de Orazal y como desde niño había tenido un pavor irracional a los licántropos. Fue en las calles de Santiago donde ella empezó a notar el nerviosismo que tenía Orazal cada vez que la luna llena se asomaba en los cielos.

Ella le preguntaba que le pasaba, cuando escondidos con hambre en alguna casa o pensión, dejaban que el astro menguara. Una noche de sábado de gloria en Managua, mientras el santo recargaba su poder curatorio, Valentina y Orazal repartían café y mantas entre los enfermos que expectantes, aguardaban al curandero en el patio de aquel santuario de hojas de palmas. El santo llamó a Orazal a su presencia. Le dijo que esa madrugada su maldición sería curada, que la confesara en voz alta. El morocho confesó, que él había sido el hijo número siete de su padre, y por eso la ama de la plantación donde nació, siempre le dijo que él sería un hombre lobo. Por eso, jamás lo dejaron ver la luna llena, y por eso desde la más temprana edad, le sembraron el miedo. Cuando Valentina me contó esto, consideré interesante el hecho, de que en una hacienda cubana, los peones tuvieran un temor propio de la Europa medieval.

Después de Perú la comitiva de migrantes cruzó la selva rumbo a la costa Este, a bordo de una vieja camioneta. Valentina me contó que no notó mucho el paisaje, por estar pensando en esa invasiva y súbita idea que a veces anidaba por horas o días su mente. Era el sentirse atrapada dentro de las cuencas de sus ojos, como si su mismo cuerpo fuera una cárcel y no la parte material de su ser. Ese pensamiento obsesivo la llenó de temor y tristeza, tanto que si la camioneta no se hubiera ponchado, de dos de sus cuatro llantas, ella estaba segura que hubiera saltado por algún acantilado de los muchos que rodeaba de tanto en tanto esos caminos fangosos. Pero ella no era la única que sufría en la batea de esa camioneta, pues en el corazón de Orazal, el miedo de la próxima luna llena, estremecía su ser. Él contaba, con llegar a un poblado antes del apogeo de Selene, y esconderse bajo un techo, pero aquellas ponchaduras, los obligarían a caminar cuarenta kilómetros al siguiente pueblo. Orazal tomó aire, tratando de no temer, y apresuró a los migrantes a bajar y empezar la marcha. La gente se apuró, y en pocos minutos ya estaban adentrados en la oscuridad de la noche. Por otro lado, Valentina no entendió hasta después de días el miedo de su esposo. Porque si bien, se encontraba caminando en esa libre e infinita penumbra, iba encerrada en la prisión de su propia mente. El guía, al parecer un beniano de Moxos, como lo llamaba Valentina al relatar la travesía, empezó a contar la historia del Mapinguari, y de no separarse del grupo por el peligro de ser devorado por él. Fue lamentable que esa cereza aderezara el betún del miedo del morocho, pero pasó. De pronto mientras el boliviano terminaba la historia, Orazal salió corriendo despavorido, buscando quizás un refugio de la luna, que ya se notaba de manera rala aluzando el suelo de la selva. Nunca sabremos si como yo creo, el cubano temió al Mapinguari, o a la luna licántropa, o a una combinación bestial de ambos, pero Valentina solo vio el blanco de la remera de su esposo desaparecer entre la selva. Algunos hombres trataron de seguirlo, pero fue más el instinto de supervivencia el que no les permitió adentrarse entre la vegetación negra. También mi Valentina Trinidad, gritó hasta el cansancio el nombre de Orazal, pero no fue detrás de él. ¿Y cómo hacerlo? Seguramente se hubiera perdido sin encontrarlo. Ella sufrió por él, y pensó en abandonar al grupo en su camino a ciudad Campo Grande para esperar noticias de su amado, pero no lo hizo. No la culpo, aunque ella siempre se justificó en que lo hizo para conseguir ayuda especializada en Uruguay, cosa que jamás hizo. Orazal se perdió hasta el día que volvió.

En Montevideo y después en el puerto, a Valentina le fue sencillo vivir de la materia de su belleza, como extra aquí y allá, en películas u obras de teatro, hasta que se casó con Rodolfo. El matrimonio duró poco, pero los contactos del general le abrieron las puertas de la fama. Fue con su aclamado papel en Casiopea del trópico con el que sé encumbró, al menos en lo profesional porque en su interior seguía atrapada en esa selva negra de tristeza. No fueron pocas las veces que le lavaron el estómago para salvarle la vida, o los psiquiatras extranjeros que la trataron, pero como sabueso tras el rastro, la depresión siempre estuvo persiguiéndola. Yo la acompañé todo el tiempo que estuvimos juntos, hasta que ella se enteró de mi romance con Maca, Macarena Karam la primera bailarina del ballet de Buenos Aires. No estoy orgulloso, si bien amaba a Valentina, el amor y las musas era algo cotidiano para mi inspiración. Nunca hubiera sabido de mis infidelidades si me hubiera limitado a las *actrizuelas*, meseras o cigarreras eventuales. Pero Maca era otra cosa. Después del primer episodio de celos, Valentina se refugió en otros hombres, los cuales nunca le faltaron. Así vivimos en ese acuerdo tácito donde yo nunca la dejé de amar.

El día que me dejó, habíamos pasado toda una noche amándonos, en esa química que siempre tuvimos, pero al amanecer se fue. No con un hombre en específico, sino creo que huyó de ella misma. Una noche me confesó, que ella no se mataba por dos razones, por no encontrar un puente que le brindara un final único, y por mí. De alguna manera, ella pensaba en la pena que me daría perderla. Me refugié en Maca, tanto que me casé con ella y la vida continuó.

Algunas noches, el teléfono sonaba por la madrugada, y Maca quizás haciéndose la dormida me dejaba contestarlo. Era ella, que me hablaba para salir de alguna crisis o simplemente para conversar. Andaba de gira, o filmando, a veces acompañada a veces sola, pero charlábamos como si estuviéramos juntos. Me hablaba de puentes, de su forma, su estilo, su arquitecto, y de dónde estaban. De lo lindo que sería lanzarse de espaldas, de frente, de clavado, vestida de Chanel, y de como la corriente se llevaría sus penas. No sé cómo esas pláticas, se fueron apartando de la prudencia sana, hacia lo tétrico de imaginar maneras de quitarse la vida. Pero nunca traté de convencerla de vivir, porque notaba que ella veía en su muerte la esperanza. Una esperanza que la tranquilizaba.

Uno sabe que hay cosas inevitables en la vida, pero casi siempre no pensamos en el día que realmente suceden. Por eso el día que por fin Valentina se quitó la vida, me sorprendí. Estaba en el teatro revisando un guión con el director, cuando alguien entró diciendo que había escuchado en el radio, la muerte de Valentina. Se había ahogado en el mar de La Plata. Por fin lo había hecho, algo dentro, quizás mi humanidad sintió gusto por el fin de su sufrimiento, pero mi corazón no entendió. No entendió, las siguientes semanas que el teléfono ya no sonaba en las noches. No entendió la sonrisa de alivio de Maca, esa felicidad macabra de saber muerta a su rival. En medio de aquellos días, por fin encontré la manera de terminar el cuento de los amantes en el espejo. La inspiración me llegó al ponerme en sus zapatos, para eso puse a los lados de mi escritorio dos espejos grandes y ovalados que me flanqueaban como guardias suizos. Además compré un revólver, un viejo colt gringo el cual tengo aquí en el escritorio. Ahí viéndome reflejado infinitamente empecé. La historia llego como dictada por mi otro yo, uno de los tantos de los cuales, yo y ellos éramos el reflejo. La pareja, como te comenté, había tratado de acostumbrarse a este mundo. Pero no pudo, ella terminó por envenenarse a no soportar no ser ella la legítima dueña de su voluntad sino la sombra a colores e idéntica de otra, del reflejo cinco o seis de ese infinito reflejado. Por otra parte, el joven resolvió enfrentarse a sus reflejos y se puso, así como estoy yo, entre espejos donde se vio, como yo me veo. Tomó el revólver entre sus delgados dedos juveniles, decidido acabar con el titiritero cósmico que movía su voluntad, y apuntó a su cien izquierda mientras se veía y lo veían desde algún lugar de ese pasillo infinito. Presionó solo lo necesario el gatillo para que no disparara, mientras la pistola titiritaba en su mano, y sus manos, y ahí viéndose en infinitos ojos se preguntó...

PD: Estimado Sr. Ghiringelli, le hago llegar esta carta como interpretación del último deseo de mi difunto esposo.

   Atentamente Macarena Karam

Made in the USA
Coppell, TX
08 December 2025